CRISTALES
Gatos y Perros

Título original: *Crystal fun: Cats & Dogs*
© 2024 de la edición original: Gemini Children Books Ltd,
parte de Gemini Books Group
© 2025 de la edición española: Grupo Edebé
Paseo de San Juan Bosco, 62
08017 Barcelona. España
© de la traducción: Remedios Diéguez Diéguez

Dirección editorial de Publicaciones no ficción: Marta Sans
Editora: Claudia Sabater
ISBN: 978-84-683-7349-2
Depósito legal: B 9989-2024
Impreso en Zhejiang, China – *Printed in Zhejiang, China*
Las piezas para decorar de este libro (cristales) son de poliestireno.

¿Cómo se utiliza el kit?

1. Abre una bolsa de cristales y pon de 20 a 30 piezas en la bandeja.

2. Agita un poco la bandeja. Los cristales tienen que quedar con el lado metalizado hacia abajo y la parte de color hacia arriba. Así estarán orientados en la dirección correcta para utilizarlos.

3. Despega la hoja adhesiva de una página. Recoloca siempre las hojas adhesivas antes de cerrar el libro o pasar página.

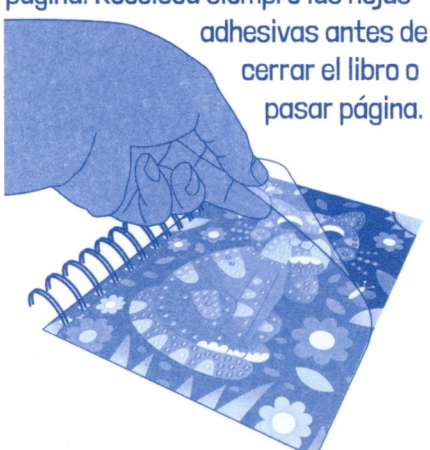

4. Introduce el aplicador en el pegamento para impregnar la punta. Aplica un poco de pega en el lado coloreado de un cristal.

5. Pega el cristal en el número correspondiente de la página (tienes la clave a continuación). Cuando el aplicador ya no pegue, introdúcelo de nuevo en la pega.

Rojo: 1
Rosa: 2
Morado: 3
Azul: 4
Amarillo
  anaranjado: 5

6. Sigue aplicando los cristales hasta cubrir toda la página. Cuando acabes, puedes retirar la hoja adhesiva. ¡Ya has terminado tu deslumbrante obra de arte!

Labrador retriever

Estos animales cariñosos, leales e inteligentes son excelentes como perros de asistencia.

Persa

El largo pelo del gato persa necesita un cepillado frecuente para mantenerse sedoso.

Pastor alemán

El pastor alemán es una mascota cariñosa
y también un excelente perro policía.

Bengalí

Con sus bonitas manchas, el gato bengalí
parece un leopardo. ¡Y también le encanta cazar!

Golden retriever

Esta raza dócil e inteligente sabe escuchar,
y por eso resulta fácil de adiestrar.

Abisinio

Estos gatos juguetones y llenos de energía
tienen el pelaje de color arena.

Vizsla

Los perros *vizsla* nunca se separan de sus dueños,
con los que mantienen un fuerte vínculo de cariño.

Esfinge

Los gatos esfinge son muy elegantes y no tienen pelo.
Adoran los mimos y la atención.

Basset hound

Son excelentes perros rastreadores
gracias a su potente sentido del olfato.

Fold escocés
Las orejas caídas de estos gatos son monísimas
y les dan un aspecto adorable.

Caniche

Existen tres tamaños de caniche, una raza
muy peluda: estándar, miniatura y *toy*.

Ragdoll

Los gatos *ragdoll* son blanditos como peluches
cuando los coges en brazos. ¡Qué monos!

Bóxer

El bóxer es el payaso del mundo canino:
le encanta divertirnos con sus travesuras.

Azul ruso
El pelaje de estos gatos tan inteligentes
y curiosos es de un brillante azul plateado.

Yorkshire terrier

Los *yorkshire terrier* son atrevidos, decididos y unos compañeros valientes y divertidos.

Savannah

Estos gatos tienen manchas como las del guepardo
y disfrutan explorando su entorno.

Cavalier King Charles Spaniel
Los perros de esta raza son conocidos
por su aspecto regio y elegante.

Bosque de Noruega

Estos gatos tienen un pelaje largo y denso,
y son excelentes trepadores. ¡Miau!

Gran danés

Una de las razas de perro más grandes del mundo,
aunque son unos grandullones mansos.

Americano de pelo corto
El pelaje de estos gatos es corto
y puede ser de varios colores.

Husky siberiano

Estos perros preciosos de pelaje mullido
destacan por sus penetrantes ojos azules.

Himalayo

El gato himalayo tiene unos ojos preciosos
y un pelaje parecido al de los gatos persas.